Comment trouver l'amour ?

Les étapes fondamentales pour trouver l'amour cette année.

S. Philibert

Prologue

Valeur fondamentale de notre existence, l'amour et toutes ses diverses définitions occupe toujours la place fortement convoitée de marchand N°1 sur Internet.

Les sites de rencontres fleurissent, autant que leurs nouveaux adeptes chaque jour.

Cependant, « l'Amour » et même « l'amour Connecté » ne trouve toujours pas de réelles définitions dans notre monde réel.

Sans aucunes définitions claires, il devient alors presque impossible de tenter de la comprendre de l'apprivoiser, ou simplement de la vivre.

Quelle définition pourrait-on faire de l'amour en 2018 ?

Nous savons d'une manière générale, que le sentiment de l'amour est pour une personne, une sensation au départ très enfoui qui se transforme en attachement et va jusqu'à la passion à l'autre.

On pourrait également la définir plus brièvement par un sentiment que notre raison à du mal à réfréner. L'adage populaire dit d'ailleurs à son sujet : « l'amour rend aveugle ». Le monde connecté, ou plus exactement le monde dans lequel nous vivons à quelques peu fait évoluer nos définitions mais pas notre réel besoin.

Nous sommes donc en quelques sorte piégé, comme dans un carcan entre notre univers et nos besoins vitaux. Les nouvelles habitudes de cette société modernes nous ont appris puis habituer à consommer toujours plus, pour encore moins cher. C'est devenu le light motif de notre quotidien. Certains Politiciens ont su draguer le populisme en proposant « de faire plus, pour plus ». Les grandes enseignes qui nous entourent proposent quant à elles les mêmes redondances toujours et encore mieux pour le même prix, et parfois pour encore moins chères. Ils ne répondent en quelques sortes qu'au frénétique besoin de la population, qui est prête à tout sacrifier, tout abandonner pour encore un peu mieux.

Si pour certain il s'agit d'une véritable avancée pour le consommateur que nous sommes tous, ce raisonnement nous affecte dans bien d'autres domaines et malheureusement l'amour n'y est pas épargné.

L'amour avec un grand « A » ne reste qu'un concept propre et dont la définition dans tous ses détails n'appartient qu'à son propriétaire. Au travers de toutes les sociétés et cultures elle se présente sous différentes formes, définitions, pratiques, obligations...etc.

Le constat de la société de nos jours à l'unique vocation de trouver, d'entrevoir une passerelle par lequel nous pourrions chacun la définir justement dans notre contexte. Ce constat nous permet également d'affiner au mieux la vision que nous avons d'elle afin de pouvoir comprendre ses automatismes et les répercutions qu'elle à sur notre vie.

Nos « vies » de consommateurs avéré (si vous vous trouvez dans une société moderne et connecté évidement) ne laissent guère d'espace naturellement à la rencontre fortuite. C'est d'ailleurs un choix qui est plus qu'assumé, le hasard n'a une place légitime qu'au travers du jeux. Tous les autres espaces doivent être maitrisés.

Ce besoin de maîtrise, d'être aux avant-postes afin de pouvoir anticiper une réaction, ne jamais être pris au dépourvus, nous confère un sentiment de contrôle absolue. Un semblant de sensation qui se traduit aussi dans la relation avec l'autre.

Tant et si bien qu'avant de réellement rencontrer son futur âme sœur, on pense parfois le connaitre profondément et cela grâce (ou à cause) des réseaux sociaux et autres flux d'informations venues de la grande toile.

Comme un véritable consommateur basique on se laisse prendre dans le jeu de la manipulation des médias…On pense parfois trop naïvement que toutes les informations que l'on va trouver relèvent des informations authentiques qui vont nous permettre d'aiguiser notre définition de l'autre. A aucun moment il va nous arriver de penser que certaines photos, instants mises en évidences n'ont qu'une vocation à « se vendre » faire passer une information qui ne pourrait être que tromperie.

En effet rien de plus facile que de se faire passer pour… d'avoir l'attitude de … avec une simple photo. C'est tout l'enjeu des grandes associations d'aides aux consommateurs, rétablir la vérité entre la photographie et le contenu.

Une image marketing travaillée dans le détail et trop souvent trop éloignée d'ingrédients qualitatifs, une saveur qui donne une impression un semblant de gout, plutôt qu'un vrai produit qui a de vraie vertu.

Bien que le panneau soit parfois plus qu'énorme, nous aimons imaginer qu'il pourrait s'agir d'une erreur en notre faveur (comme ce peut être le cas dans ce Jeu de Société ou les erreurs de la banque peuvent multiplier nos gains jusqu'à nous faire gagner…). Nous aimons penser que l'autre dans l'instant avec ce que l'on à pu avoir comme information est celui- ou celle qui réponds à nos critères de l'amour.

D'ailleurs on ne parle que très peu d'amour, l'amour est devenu un acte physique entre personnes qui se désirent et rien de plus. Nous avons accepté insidieusement que se besoin intérieur devienne industrialisable. En effet nous aurions tendance aujourd'hui à consommer la rencontre et l'autre comme au Fast-Food en faisant fi du plus important, c'est-à-dire l'autre. C'est du moins ce à quoi la société nous à prédisposer. Elle tente de nous faire croire que l'amour est finalement un sentiment égoïste, qui ne concerne que notre propre personne.

C'est insidieusement ce que nous faisons lorsque nous plaçons le sexe avant une relation de base, nous plaçons le désir avant l'autre (La photo, avant tout le reste...). Nous réduisons donc sans le savoir l'amour à un acte de masturbation ou l'essentiel est finalement de combler son propre besoin du moment.

Peut-on parler de « Fast-Love » ou encore de Hard discount de l'amour ? nos amis sociologues trouveront ou ont sans doute déjà une définition plus adéquate et plus scientifique.
La recrudescence de site de rencontres dont le but n'est finalement tournée que vers le fait de se satisfaire sexuellement ou encore ceux qui mettent en relations des personnes déjà en couple définies comme insatisfaites (et il n'est pas question de cultures ici..)ne tendent pas à nous encourager à vouloir trouver son âme sœur.

Cependant, il ne s'agit nullement d'un choix cornélien, mais véritablement d'un besoin. L'amour est définie par Maslow célèbres pour l'élaboration de sa pyramide des besoins, au même niveau que tous nos autres besoins humains basiques (manger, Boire, Etc.). C'est en quelques sorte un besoin qui ne nous laisse pas le choix, vitale.

Loin de vouloir diaboliser cet outil merveilleux qu'est internet, il nous faut tout de même préciser, que le vrai concept que vous avez de l'amour. La définition qui s'oppose à ce que vous avez pu lire dans les lignes précédentes existe et existera toujours comme une évidence.

La rencontre que vous ferez dépendra de la définition de l'amour que vous avez.

En faisant l'acquisition de ce manuel, vous avez déjà élaborez une définition de l'amour qui correspond à votre besoin vital, celui de pouvoir partager, s'ouvrir à l'autre, laisser place à la surprise... sentir son cœur battre pour quelqu'un.

L'amour qu'il soit au café, à une cérémonie de mariage, sur un site de rencontre Internet est un besoin dont vous ne pouvez-vous défaire. Il peut vous avoir déçu, baissé au point de pouvoir mourir, il n'existe aucun remède pour s'en passer, l'oublier de même qu'il n'en existe aucun pour pouvoir se nourrir.

Le sentiment, les sensations qu'il produit ont été sources de milliers de poèmes, livres, chants...c'est véritablement depuis toujours un sujet qui ne se démode pas. Et ce sera très bientôt votre prochain quotidien.

Introduction

Si vous rechercher l'amour durable, votre âme sœur, « De la toile à l'amour » est un recueil fait pour vous.

Très éloigné de certains ouvrage, tentant de vous persuader, définir, réinventer, l'amour il n'a que la vocation de vous fournir le plus de clés possibles qui vous permettront de faire une rencontre sérieuse en un moment record et raisonnable (moins de trois mois).
Chaque règle est conçue à la manière d'une fiche technique qui vous place au centre de l'ouvrage. L'exemple, ou la Success Stories c'est vous.

1 mois c'est exactement le temps qu'il vous faudra pour passer d'une vie solitaire à une vie à deux. La durée semble courte pour les uns, marketing pour les autres, mais c'est le challenge que nous nous fixons ensemble. Un challenge que vous avez accepté explicitement en décidant de feuilleter ces quelques pages. A ce stade précis, en partant du principe que vous êtes seul (mais pas seul au monde) cela s'avère plus qu'ambitieux, cependant ces règles fondamentales accompagnées de conseils vous apporteront dans quelques semaines un regard nouveau sur la vie.

Vous vous rendrez également compte que ces règles une fois mises en application transformeront à tous jamais le regard que vous avez sur vous-même mais surtout sur le monde autour de vous.

A chaque instant de lecture garder en mémoire pas que si vous tenez ce manuel entre vos mains c'est tout simplement parce que vous souhaitez changer de vie. En effet découvrir ou redécouvrir la vie à deux c'est véritablement changer de vie. Ici pas de différence entre la personne expérimenté (sous-entendu qui a déjà connue les joies de l'amour et le novice en tout genre).

Oui, l'amour est un sentiment nouveau à chaque fois, et ce de manière infinie.

Une fois que nous l'avons ressentie, et ce même dans le plus jeune âge on sait à quel point il transforme, et l'on ne peut oublier ces effets sur notre organisme. Les plus expérimenter d'entre nous en parles souvent comme une fatalité, mais presque tous vous confirmerons l'adage que « l'on ne peut l'apprivoiser ».

Sentiments profonds ou simple sensation, l'amour à fait couler beaucoup d'encre entre mariage princier ou crimes passionnelles, en passant par le Message de la Bible « Si je n'ai pas l'amour je ne suis rien... »

Même le législateur s'intéresse à définir certaines situations par ce que l'on ressent et arrive admettre que dans certains cas l'amour, la passion prend le dessus sur les êtres les plus raisonnés.

Dans tous les cas comme dans chacune de nos histoires vécues, blessures, déceptions pertes de l'âme sœur on y revient toujours. L'amour fait partie d'une « case » une étape de notre vie qui s'inscrit comme un passage obligatoire pour tous les êtres vivants et particulièrement le genre humain.

C'est donc pour toutes ces raisons que nous vous conseillerons fortement de laisser vos préjugés, vos mauvaises expériences etc... de côté.

Prenez véritablement ces quatre prochaines semaines comme une opportunité pour changer de vie, pour changer votre vie.
La relation avec l'autre est l'une des clés qui vous apporteront le succès à votre envie et besoin de rencontrer votre âme sœur.

Quelques mots sur l'auteur

SP. Charles est un jeune père de famille de 3 filles (Mathilde 2 mois, Noémie 9 ans, Camille 11 ans). Marié à Virginie depuis 14 ans c'est ensemble qu'ils gèrent leur petit foyer non loin de Genève en Suisse.

SP. Charles est titulaire d'un Master en Business Administration de l'université de Canterburry (UK), il a également suivi un cycle complet de Licence en Théologie (Faculté Adventiste de Collonges sous Salève). Maître de conférences il a fait de la thématique de la rencontre un de ses sujets favoris. Aujourd'hui il est le fondateur d'un site de rencontre amoureuse, ouvert en 2017 qui compte déjà une petite communauté active de + 25'000 membres qui s'engagent à vouloir s'engager. Bien évidemment le site pour les plus connecté d'entre nous reprends la thématique du cycle des 3 mois pour faire une rencontre.

« Avoir pour quotidien de faire naître, éclore de nouvelles relations, est l'un des cadeaux les plus merveilleux que la vie m'a donné »

« Les moments les plus forts d'une vie sont ceux où l'on se rend compte que notre amour est partagé par l'autre » SP. Charles

21 Conseils

Comme notre cycle biologique nous avons écirs à votre attention ces 21 conseils de base pour vous aider à trouver l'amour... et à le garder.

Conseil 1

N'oubliez pas que vous êtes une nouvelle personne.

Oui, après ces 4 semaines vous êtes maintenant prêt. Cependant attention, n'oubliez que notre première règle c'est de prendre son temps.

L'âme-sœur n'est pas loin : Il ne s'agit pas de « tomber » dans l'amour. Maintenant vous êtes une nouvelle personne. Prenez le temps de laisser le sentiment la sensation vous envahir. Ne vous inquiétez pas « l'autre » s'il est vraiment l'autre (celui que vous attendez depuis si longtemps), il ne partira pas.

Les destructeurs d'espoir : Mais avant tout cela, rester à l'affut.

En effet, les destructeurs d'espoir sont légions, ceux qui veulent jouer avec vos sentiments pures et fleurs bleus courent les rues.

Pour vous sentir aimer vous devez vous sentir désirer, séduit.

A vous de trouver la balance entre chat sur le web avec l'âme sœur potentiel, et collègue de boulot super sympathique... Il est encore trop tôt pour s'accrocher, apprécier simplement le moment.

Conseil 2

Ranger votre fusil, vous n'êtes pas

Un chasseur

Stop ! vous avez confondus je suis prêt à rencontrer avec je suis un chasseur.

Revenez en arrière vous êtes sur la mauvaise route. Vous fuyez les chasseurs, nous parlons de tous ceux qui oublis votre prénom dans la seconde. Il me semble que votre objectif était une rencontre sérieuse. Prenez encore 5 secondes supplémentaires le temps de comprendre le concept du chasseur ;

Un chasseur, chassera sans doute toute sa vie… il considère donc l'autre comme du gibier, ce n'est donc qu'un consommateur de plus sur la longue et infinie chaine alimentaire.

Voulez-vous être considéré comme un chasseur ? un amateur de trophées ? D'ailleurs si l'on regarde bien les chasseurs sont souvent rongés par la solitude.

Jeter votre fusil, et revenez au basic.

Ouvrez-vous aux autres ne vous livrez pas, Ouvrez-vous ne les traquez pas.

Conseil 3

Votre coupe de cheveux décrie votre humeur

Pour commencer nous adressons nos plus Platte excuses pour ceux qui n'ont pas ou presque plus de cheveux. Il ne s'agit en réalité que d'un concept.

Notre tenue vestimentaire, les couleurs que l'on choisit décrivent implicitement notre caractère et notre humeur du moment. Personne d'entre nous ne reverrais de passer un moment au restaurant avec une personne terne et morose… Pensez-y en vous préparant le matin.

Pour envoyer un signal fort à son entourage il est plus simple pour les « chevelus » de changer de coiffure d'adopter la mèche rebelle ou au contraire d'opter pour une coupe plus courte. Mais en réalité il est simple pour nous tous d'adopter un nouveau look. Si la question des cheveux vous semble critique ou impossible, une barbe, des lunettes font aussi très bien l'affaire.

Peu importe la coupe, la couleur faites-vous confiance, mais de grâce changer.

Ce changement quoique anodin aura toute son importance et vous serez surpris d'apprendre qu'il est d'abord important pour vous. Oui, c'est de vous dont il s'agit.

Conseil 4

N'oubliez pas les accessoires

N'en déplaise à certain et sans doute surtout aux hommes, les accessoires ont toutes leurs importances.

Bien évidemment, il n'est pas question non plus de ressembler à un arbre à bijoux ou encore moins à un sapin de noël. Mais, ne dénigrer pas l'atout de l'accessoire.

Les accessoires donnent un trait de votre personnalité ou vous permette de faire passer un message non-verbal.

Par exemple, certains hommes aiment porter des grosses montres, ils soulignent ainsi une appartenance à un catégorie sociale, implicitement ils envoient un message aux sexes opposé.

Loin d'analyses parfois trop pointues, gardez à l'esprit que ce ces accessoires doivent raconter quelques choses et cette chose est « je suis heureux et de bonne humeur » avant toutes les autres choses. Vous devrez donc les choisir avec soins. Oublier l'accessoire que mamie vous a offert et que vous portez par habitude ce ne vous sera d'aucunes aide…De plus prenez l'habitude de changer régulièrement, cela vous donnera à chaque fois un regard neuf sur vous-même.

Conseil 5

Votre premier rendez-vous amoureux

Aujourd'hui c'est votre premier rendez-vous « amoureux » du moins, depuis votre projet. Nous vous transmettons nos plus sincères félicitations.

Des règles importantes à suivre : Attention tout de même il y des règles à suivre qui peuvent être totalement différentes suivant la source de votre rendez-vous (s'il s'agit d'un rendez-vous d'une rencontre sur Internet ou d'une autre source...) *Pour les rencontres sur Internet se référer au conseil 6.* Dans un cadre général de rencontre, il y certains faut pas à éviter.

Ce n'est pas un entretien d'embauche : Attention, il ne s'agit pas de passer ou de faire passer un interrogatoire ou un entretien à l'embauche. Rester le plus naturel possible. Pour les plus nerveux d'entre vous pourquoi ne pas préparer des sujets de discussions, répéter votre présentation. Inutile de préciser d'éviter certain sujets (vos ex, factures impayées, carries. etc.).

Toutefois, n'oubliez pas que le plus gros danger, est de ne pas être à l'écoute.

Conseil 5
Votre premier rendez-vous amoureux (suite)

Ecoute et humilité : Faite preuve d'humilité, ne vous laissez pas enflammer en racontant des histoires dont vous êtes toujours le héros.

Des petites pauses de temps en temps vous aideront à vous Controller.

Posez des questions : Préparer des questions qui ne sont pas intrusives (vie privée). Les questions sont surtout une marque d'intérêt que vous démontrer à l'interlocuteur.
Ne lui posez pas de questions qui vous mettent déjà en situation de couple (c'est trop tôt).

La galanterie compte encore : Pour nos amis de la gente masculine, premier rendez-vous signifie également que la note sera pour vous. N'en faites tout de même pas trop... laissez madame commander d'abord, mais inutile de lui pousser la chaise.

Enfin éviter de vous laisser aller dans vos penchants alcooliques, une discussion avinée n'amène rien de bon.

Garder le control premier rendez-vous ne signifie pas Restaurant, bar discothèque....

Conseil 6

Votre premier rendez-vous amoureux : une rencontre sur Internet

Rencontrer quelqu'un qui vous connait déjà : Vous allez rencontrer la personne qui est le plus rentrée dans votre intimité ces dernières semaines, mais qui de surcroît est une véritable inconnue.

C'est un vrai dilemme, que lui dire que cette personne ne sait déjà ?

He oui... caché derrière votre écran en pyjama, vous n'avez lésiné sur aucuns détails de votre vie...

Pas d'inquiétude, il ou elle est dans le même cas que vous.

Préparez-vous à une sortie sans en faire trop, (c'est une sortie galante mais ce n'est pas un mariage) vous allez en rendez-vous avec quelqu'un que vous connaissez. La seule chose à préparer c'est votre tenue.

C'est le moment de faire se rencontrer le virtuel et la réalité, vos connaissez ces centres d'intérêts, il ou elle connait les vôtres.

Nous ne saurions que trop vous conseiller de préparer d'une manière scolaire ce rendez-vous du moins différentes accroches certain sujets, des questions...

Conseil 6

Votre premier rendez-vous amoureux : une rencontre sur Internet (suite)

Une deuxième option après le restaurant : Préparez une deuxième option pour la soirée après le restaurant, un endroit ou boire un verre à deux.

Attention aux faux pas : Ne proposez pas d'aller chez vous et ne vous rendez pas chez lui / Chez elle.

Rester concentré : Votre interlocuteur vous plait... et vous remarqué que vous ne lui êtes pas indifférents... soyez encore un peu patient. Montrer votre clair intérêt, un sourire des mots agréable, mais ne foncez pas pour lui prendre la main ou encore arraché un baiser. L'objectif principal de ce rendez-vous c'était de se rencontrer, rester là-dessus.

Un numéro de téléphone, serais déjà une preuve concrète, si vous l'avez déjà, vous lui signifierez votre joie par texto.

Conseil 7

L'amour vous rends toujours plus beaux

L'amour secret de beauté : On ne le dira jamais assez lorsque l'on est amoureux on est resplendissant.

C'est pour certains le plus beau des secrets de beauté. Pour les femmes (et certains hommes) les cosmétiques prennent le dessus.

C'est d'ailleurs sur ce point que nous voulions arriver. Avoir l'air radieux et radieuse doit être votre mission permanente.

Prenez-le comme un fondamental de l'amour. Obstinez-vous chaque matin, à ne pas quitter votre salle de bain tant que vous n'avez pas l'air d'être la personne la plus heureuse du monde.

Pour cela un sourire de temps en temps saura aiguisez votre séduction.

Conseil 8

Aimabilité et gentillesse

Fier de vous : Restez qui vous êtes, ne signifie pas ne faire aucun effort.

Vous connaissez toutes vos faiblesses, et même celle qui concerne plus particulièrement votre caractère et parfois votre attitude. Si vous avez des efforts à faire ils doivent être entrepris de toute urgence.

Cependant dans l'amour vous devez être fier de vous. Ne vous laissez pas allez à être humiliez ou encore ignorez pas la personne de votre choix. Le dédain se change rarement radicalement en amour inconsidéré.

Aimez-vous : vous vous aimez, mais cela ne doit pas vous empêcher d'être aimable. La principale règle est de s'ouvrir aux autres, pas seulement au gens qui nous plaisent.

Prenez le temps aujourd'hui de sourire, à toutes les personnes qui croiserons votre regard. Dans la plupart des cas ils vous le rendront et vous passerez l'une des journées les plus agréable de votre vie.

Prenez le temps sincère de vous intéresser aux autres (ce qu'ils font, ce qui les passionnes, pourquoi...) et vous verrez comment les gens s'intéresseront à vous également. Jusqu'à présent vous étiez inaccessible, sans le savoir.

Conseil 9

Apprivoiser votre solitude

Apprendre à être seul : Vous devez apprendre à être seule.

Si vous votre démarche de rencontre est autre qu'amoureuse, si vous souhaitez avant tout rencontrer quelqu'un pour briser la solitude, vous n'êtes sans doute pas dans la bonne démarche. Il est important de comprendre votre situation actuelle, le but et les enjeux qui vous poussent à rencontrer avant d'aller plus loin.

Votre futur partenaire ne peut nullement être utilisé comme votre outil ou votre parc d'attraction, car cela finira par le ou la lassé avant vous.

Les réseaux sociaux : Nous vous conseillons également de freiner l'utilisation des réseaux sociaux. En effet l'utilisation de ces réseaux comporte des règles que vous devez connaitre avant de vous y aventurer comme célibataire. Le but est simplement de vous permettre garder des choses à raconter (et à montrer...) à votre futur partenaire.

Votre solitude est votre meilleur atout pour rencontrer votre âme sœur. Votre bande de copains célibataires, ou votre meilleure amie marié depuis plus de 15 ans ne pourra pas mieux vous aider.

Conseil 10

N'abuser pas des réseaux sociaux

Garder le contact avec les amis : Les réseaux sociaux ont pour vocations de nous faire garder le contact avec nos amis, partager des photos ou autres choses.

Cependant ils peuvent créer des interférences avec notre vie de tous les jours. En effet l'impact de nos publications peuvent s'avérer plus négatif que positifs.

Soyez pondéré : Diffusez des photos, mais évitez trop de détails sur votre vie.

Les photos avec beaucoup de gentes féminines ou masculines ne prédisposent évidemment pas à vous faire passer comme quelqu'un de très sérieux. Posez-vous toujours la question avant une publication « publique » (Lecture ouverte à tous) « Qu'elle est le message que je souhaite faire passer ? ».

Conseil 11

Les sites spécialisés

Les sites de rencontres : Les sites spécialisés ou pour être plus précis, les sites de rencontres, mériteraient un chapitre voire même une édition complète (nous y travaillons).

En effet pour tous ceux qui ont pu expérimenter la rencontre sur Internet, on y trouve de tout et certain dirais que l'on y trouve surtout du négatif en termes de rencontres.

De vraies rencontres : Nous dirions qu'internet reflète des besoins de la société, si un site ne vous satisfait pas, prenez le temps de choisir celui qui réponds le plus à vos critères. Vos critères ne doivent pas se faire selon une approche marketing, mais selon une communauté.

La communauté fait le site : N'oubliez ce sont les membres qui font le site. Si vous allez dans un magasin de vélo, vous ne trouverez que des vélos...

Pour choisir votre site vous devez prendre le temps de définir clairement votre recherche et ensuite de voir s'il y a une adéquation avec le site pour lequel vous souhaitez créer une fiche.

Conseil 12

Faire confiance au hasard

Le loto de la vie : On en parle finalement très peu, et encore moins dans notre société ou tout est règlementé, binaire fait de 0 et 1.

Cependant, il est certain que le hasard à réunis depuis la nuit des temps des millions de couple… Alors pourquoi pas vous !

Le bonheur pourrait frapper à votre porte à n'importe quel moment. Notre seule vocation c'est que vous y soyez préparé, mais également que vous puissiez le vous en rendre compte.

Pour suivre cette règle nous vous proposerons de faire de laisser de temps la place qui lui reviens au hasard. Il est des moments où l'imprévu fait du bien.

De temps en temps Laissez le hasard est votre organisateur de soirée et même de week-end.

Nous vous conseillerons de faire cet exercice une fois par semaine.

Conseil 13

Rendez-vous arrangé

Les entremetteurs : Maintenant que vous semblez très bien dans vos baskets, certains de vos amis vont petit à petit se muer en entremetteurs. Vous aurez l'impression qu'ils vont se fixer pour mission sacrée de vous trouver absolument un partenaire.

Dans la plupart des situations, lorsqu'il s'agit de rencontre on préfère être discret, ou du moins ne pas avoir un parterre de spectateurs. Nous savons quels sont nos critères de quoi l'on pourrait avoir besoin etc.… Et puis on pas forcément envie de devoir rendre des comptes sans cesse sur l'avancement ou pire, la rupture de la relation avec le meilleur ami de machin ou la cousine de X.

Ne dites pas non, vous ne risquez rien : Nous ne saurions que vous conseiller de ne jamais dire non… ne dite jamais « non » à la rencontre. Vous pouvez mettre vos conditions. Mais ne refusez pas les opportunités. C'est aussi ça le jeu de la rencontre, savoir la débusquer et se surprendre soi-même.

Conseil 14

Mauvais Timing

Il ne manquait plus que ça : comme le dit l'adage populaire « il ne manquait plus que ça ! » et il vrais qu'en général il ne s'agit pas d'une remarque positive.

L'amour, L'âme sœur répond aussi à cette règle. Il arrive bien souvent qu'il se hisse au top du : **« ce n'c'est pas le bon moment »**.

Des choses à régler avant : Vous avez déjà entendu ce genre de phrase :

« C'est vrai on est bien …. Mais j'ai des choses à régler dans ma vie avant ».

Le genre de phrase qui annonce une rupture avant un départ. Si c'est pour dire cela à la fin de l'histoire, il vaut mieux ne jamais l'avoir commencée… Assumez simplement votre souhait de solitude et laisser les gens qui veulent s'engager vivre leur bonheur.

Soyez mature dans votre gestion des priorités. Ne vous engagez pas dans une relation qui se complique toujours plus. Bien souvent, une relation compliquée ressemble souvent à quelqu'un qui n'ose pas vous dire que c'est fini. Vous savez comme l'amour est rare ne la gaspillez pas pour autre chose.

Conseil 15

Etre bon et droit

Nous avons parlé de hasard, nous avons parlé d'un semblant de stratégie pour multiplier les chances de rencontres. Nous avons également pu parler des sites de rencontres.

Cette règle est celle qui semble être la plus évidente et pourtant, nous ne l'appliquons que très rarement.

Au bon endroit : C'est à vous de sélectionner le ou les endroits qui vont favoriser le plus la rencontre de votre futur.

Le bar ou vous vous rendez entre copains depuis des années n'est peut-être pas le meilleur endroit, de même que le site web ou tous vos collègues sont déjà inscrits. C'est le moment d'une bonne analyse de vos sorties pour l'amené vers un renouveau.

Conseil 16

Prenez des risques

Définition de l'amour : Prenez le temps de songer à plusieurs définitions de l'amour. Il y en a au moins une qui va mettre en avant le côté extravaguant : « pour toi je décrocherai la lune… ».

Les réalisateurs de film jouent d'ailleurs, souvent sur la romance : jusqu'où le héros pourra-t-il aller par amour ?

Dans la vraie vie, tout cela n'est pas si différent pour vous. Osez sans cesse. Cette personne dans le train qui n'est finalement que la raison pour laquelle vous vous levez si tôt, c'est aujourd'hui que vous devez aller lui parler.

Ce collègue qui vous demande toujours rester 5 mn de plus à la pause c'est le moment de l'inviter à déjeuner.

Votre futur entre vos mains : Le futur, votre futur est toujours dans le creux de vos décisions.

Montrer à votre futur partenaire que faites partie de ceux qui s'engagent.

Conseil 17

Accepter les différences

Cette règle pourrait être similaire à la précédente mais la similitude de pensée n'est pas évidente pour tout le monde.

Notre vision du bonheur : Accepter les différences se définie exactement par accepter que votre vision du bonheur soit totalement différente de ce que la réalité veux vous offrir. Le bonheur est parfois éloigné du dessin que nous avons peint.

Vous rêvez d'un beau brun ténébreux, votre bonheur est peut-être couleur ébène.

Relevez un peu la tête du guidon de vos pré-sélection et laisser le parfum de l'amour se diffuser et agir.

Conseil 18

Les personnes mariées / couple

Déjà pris : Pas de chance, la personne qui semble le plus répondre à votre charme est déjà prise.

Fuyez !!! avant que la malédiction des promesses non tenues, des sentiments presque partagés et d'une relation de psychothérapeute de couple en péril ne s'abattent sur vous.

Ne laissez aucun sentiment naître d'une telle relation tant que vous n'avez pas obtenu toutes les garanties nécessaires.

Personne n'accepte d'intégrer une équipe pour être simplement le remplaçant maltraité. Vous êtes célibataires, pas stupide ne confondez pas tout.

Les parties de sexes endiablées sont très sympathiques surtout entre personnes consentante, mais non rien à voir avec l'amour que vous cherchez. Dans votre phase de recherche ce n'est qu'une perte de temps ainsi qu'une perte de repères.

Conseil 19

Savoir être déçue

Les échecs : Dans toutes les règles citées jusqu'à maintenant, nous ne parlons que très peu des échecs. Si toutefois vous ne l'aviez pas intégré alors il nous appartient de faire éclater la vérité : « vous allez avoir des déceptions ».

Mais elles sont plus que nécessaire. Plutôt que de vous anéantir elles doivent au contraire vous raffermir dans votre souhait. C'est le moment de revenir à la règle N°1 pour partir encore plus loin, de relire ce livre du début jusqu'à la fin.

C'est grâce à cet échec et tous ceux qui suivront que vous rencontrerez le ou la promise.

Ne perdez pas votre objectif de vue.

Conseil 19

Humour et savoir-vivre

Les faux amis : Rien de tel que de rencontrer dans la joie et la bonne humeur. Attention tout de même au faux ami.

L'humour souvent employés pour « détendre » l'atmosphère peu rapidement vous faire passer pour quelqu'un qui manque de sérieux.

A contrario pour les femmes soyez donc toujours prudente de ne pas sombrer vers un rire ridicule ou même vulgaire qui pourrait gâcher l'aveu de séduction que vous voulez laisser paraître.

L'humour est véritablement une arme de séduction qui désarçonne même les plus sceptique, cependant elle doit aller de pair avec le savoir vivre et le savoir être. Sinon vous prenez le risque de ne passer que pour un saltimbanque.

Mettez donc toujours en avant votre politesse, votre attention à l'autre avant votre répartie et votre sens du comique.

Conseil 20

Pour les hommes : Soyez Romantique

Galanterie ? Vous avez raison, vivre toute une vie ou l'on s'imagine se précipiter pour ouvrir la portière de la voiture de sa compagne ou encore, ne jamais rentrer du travail sans une petite attention, se réveiller tous les jours pour faire des œufs brouillés etc... semble un réel défie.

Des efforts ou un plaisir : Cependant, si des efforts comme ceux-là ne peuvent être fait au départ, il s'agit d'un réel effort et plus du plaisir que celui de dire à l'autre par de petites attentions que vous êtes heureux de l'avoir à vos côtés.

Avec le temps : Nous savons tous, qu'avec le temps le mauvais deviendra toujours pire... si dès le départ vous n'êtes pas en mesure de faire des efforts, la suite risque d'être compliquée. Et dites-vous bien que votre partenaire en est plus que consciente...

Réfléchissez à être originale, dans vos propositions de sorties, et prenez les choses en mains. C'est ce qu'elle attend de vous. Montrer lui qu'elle pourra compter sur vous les prochaines années de sa vie.

Tout ce que vous ne ferez pas pèsera dans sa balance !!

Conseil 20

Pour les femmes : Libérez-le

Il a peur de vous : Votre nouveau compagnon n'à qu'une grande crainte, vous décevoir. Il se tient face à vous comme un homme mais vous craint comme sa mère quand il avait 6 ans.

De la reconnaissance : Il attend de vous de la reconnaissance. Il a besoin de savoir s'il fait bien ou presque bien. Votre sourire et votre bonheur doivent paraitre.

Jeu dangereux : Oui, vous avez envie de jouer les femmes difficiles cependant, prenez en compte que c'est un jeu qui pourrait aussi le lasser. Car à la longue il y a un risque pour qu'il l'interprète comme un manque d'intérêt.

Montrer ses sentiments naissant (sans en faire trop) n'est pas un signe de faiblesse. Acceptez l'image de lui-même qu'il veut vous dessiner.

Oublier votre rôle de DRH le temps d'une rencontre cet homme n'est pas un candidat à l'embauche à qui l'on fait passer des épreuves.

Conseil 21

Vous être le maître de votre destin

Ceci sera la dernière règle. Vous êtes la seule personne à pouvoir changer son destin. Finalement toutes ces règles ne peuvent prendre vie ou avoir du sens que si vous en avez fait le choix.

Dans l'absolu vous devez considérer que maintenant toutes ces règles font parties intégralement de vous.

Le dernier exercice que nous vous donnerons, reste dans même continuité d'amour que vous avez accepté d'adhérer.

Nous vous demandons de simplement transmettre cet ouvrage à une personne qui pourrait en avoir besoin,

Ne le laissez pas prendre la poussière sur une de vos étagères, il n'est pas un trophée, il est simplement la continuité de votre vie et appartient maintenant déjà à votre passé.

Vos notes

© 2018, Philibert, Samuel
Edition : Books on Demand,
12/14 rond-Point des Champs-Elysées, 75008 Paris
Impression : BoD - Books on Demand, Norderstedt, Allemagne
ISBN : 9782322103393
Dépôt légal : février 2018